Warren Buffett

¿El mayor inversionista del mundo o solo un tipo extremadamente afortunado?

PROF. TYLER YAMAZAKI

Traducido por,
Shlangel García

Derechos de autor

WARREN BUFFET

¿EL MAYOR INVERSIONISTA DEL MUNDO O SOLO UN TIPO EXTREMADAMENTE AFORTUNADO?

Tabla de Contenido

Prólogo

Gracias por comprar "**Warren Buffett** *¿El mayor inversionista del mundo o solo un tipo extremadamente afortunado?*"

Este libro ha sido diseñado no solo para rendir homenaje al mejor inversor del mundo, sino también para enseñarle cómo puede convertirse en un gran inversor. Todos los consejos de este libro provienen de Warren Buffett, y sus consejos sobre inversiones.

Warren Buffett es un inversionista, magnate de negocios y filántropo extremadamente conocido. Buffett es un hombre increíblemente inspirador, y está lleno de una gran cantidad de sabiduría con respecto a cómo puedes tener éxito con tus finanzas.

Este libro ha sido especialmente diseñado como un medio para ayudarlo a obtener acceso a algunos de los mejores consejos del mejor inversionista y convertirlo en conocimiento para ayudarlo a organizar sus mejores inversiones. Al leer este libro, debería poder generar una mayor confianza en sus inversiones, una mejor comprensión de cómo puede realizar inversiones exitosas y una comprensión más clara de cómo puede ser tan exitoso financieramente como Warren Buffett.

Si bien este libro le dará una breve historia de quién es Warren Buffett y cómo comenzó, se centra principalmente en su éxito en inversiones y en cómo puede usar su consejo para generar su propio éxito. Aprenderá mucho sobre el arte de invertir con el mejor inversionista. A pesar de ser un libro destinado a rendir homenaje a Warren Buffett, el enfoque principal estará en sus técnicas de inversión y en cómo puede fomentarlas en su propio estilo de inversión.

Si usted está interesado en aprender más acerca de las inversiones y cómo se puede tener éxito en los mercados de valores, y aprender *bien* esta información, entonces has venido al lugar correcto. Este libro no es su guía promedio. A diferencia de otros, no entrará en detalles sobre programas de inversión específicos y sobre cómo navegar específicamente en el mercado de valores. En su lugar, le enseñará cómo puede participar y la información importante de la que otros libros no hablarán. Va más allá de los precios y los números y profundiza en el valor de las empresas y las inversiones para enseñarle cómo evaluar *adecuadamente* sus inversiones como un profesional.

Si está listo para aprender toda esta valiosa información y convertirse en un gran inversionista, entonces está listo para comenzar a leer: "**Warren Buffett** *¿El mayor inversionista del mundo o solo un tipo* *extremadamente afortunado?* " Cada capítulo está dedicado a un consejo en particular de este increíble inversionista, así que tómese su tiempo y permítase absorber el conocimiento, la sabiduría y el valor que se ofrecen en este libro. Te dejaré ser el juez de si ganó su dinero de la manera legítima, ¡o simplemente tuvo suerte!

Capítulo 1

Nuestro protagonista y su patio de juegos

Antes de comenzar a mencionar detalladamente cómo el consejo de Buffett puede ayudarlo a convertirse en un increíble inversionista, puede que tenga curiosidad por saber por qué es importante en primer lugar. Sí, es un magnate de los negocios, el mejor inversionista del mundo y un generoso filántropo, pero ¿qué más?

Warren Buffett es un hombre increíblemente fascinante. Es hijo de uno de los congresistas estadounidenses, por lo que está estrechamente vinculado a la política estadounidense. Cuando tenía solo 11 años, compró su primer stock. Presentó impuestos por primera vez a los 13 años. Warren Buffett siempre ha sido muy práctico cuando se trata de dinero e inversiones, y es probable que su inicio temprano lo haya ayudado a ser tan fluido y exitoso al invertir en el mercado de valores.

Además de ser un hombre increíblemente rico, Buffett también es un hombre extremadamente generoso. Se ha comprometido a dar más del 99% de su riqueza a la caridad, lo que significa que ha donado más de $ 32 mil millones para diferentes organizaciones benéficas en todo el mundo. Él y su amigo Bill Gates, ambos comenzaron un programa llamado "El Compromiso de Dar" en la que piden multimillonarios a donar su fortuna a diversas organizaciones benéficas de todo el mundo.

Es dueño de una compañía conocida como "Berkshire Hathaway ", que posee más de 60 compañías, entre ellas famosas como Duracell y Dairy Queen. Si bien está involucrado en muchas empresas, no necesariamente está involucrado en el frente de negocios. En cambio, su compañía es propietaria de estos, y él tiene la posición de inversionista, invirtiendo en los fondos que necesitan para lanzar estos negocios en todo el país.

Su patrimonio neto actual es de $72 mil millones, lo que lo ubica como el tercer estadounidense más rico en 2017. Es un hombre extremadamente rico que llegó a esta posición al obtener conocimiento y comprensión en las divisiones de inversiones y mercados bursátiles de finanzas y jugar su mano derecha.

Fiel a su naturaleza filántropa, Buffett no es egoísta ni mezquino con su riqueza. Él desea que todos los que necesitan dinero lo tengan, y por lo tanto, está dispuesto a compartir abiertamente sus consejos de inversión y negocios para ayudar a otras personas a dominar las inversiones y el mercado de valores, para que también puedan tener un gran éxito con sus finanzas. Este libro es una recopilación de sus mejores consejos sobre inversiones y acciones, y lo ayudará a convertirse también en un inversionista maestro. Si sigues este consejo y juegas bien tus cartas, puedes ser el mejor inversionista que exista.

Una de las estrategias de inversión más comunes de las que Buffett forma parte es el mercado de valores. Este mercado es muy volátil, por lo que es el más fácil de hacerse rico, pero también el más fácil de perder todo. Cuando aprende a jugar bien sus cartas, puede usar el mercado de valores como una oportunidad para expandir su riqueza rápidamente y con un riesgo mínimo. Aprenderá más sobre cómo puede hacer esto a lo largo del libro.

Sin embargo, antes de comenzar, es una buena idea tener un conocimiento básico del mercado de valores y cómo funciona. Si bien esto no le dirá cómo usar el software de negociación de acciones ni nada por el estilo, le dará una idea de lo que es el mercado en sí y cómo funciona.

El mercado de valores es un lugar donde se negocian acciones y participaciones en varios negocios. Las empresas involucradas en el mercado de valores pueden ser de cualquier tamaño, como una pequeña tienda de mamás y pop a una franquicia nacional o multinacional a gran escala. El valor de las acciones cambia constantemente, dependiendo del valor de la propia compañía. La idea es comprar acciones cuando están bajas y venderlas cuando están altas.

Ser capaz de invertir en el mercado de valores requiere cierta habilidad, ya que debe ser capaz de comprender cuándo están bajas las acciones y cuándo están aumentando. También debe saber cuándo es el momento adecuado para vender, ya que todas las acciones vuelven a bajar. Cada acción tiene un ciclo de vida natural, lo que significa que aumentarán y caerán rápidamente. Algunas personas prefieren comerciar con acciones durante un largo período de tiempo, sabiendo que han invertido en una inversión de riesgo mínimo con la probabilidad de un alto resultado, por lo que dejan sus acciones por varios días, semanas o incluso meses antes de que las negocien. Otras personas están en el comercio de ritmo más rápido donde las acciones se negocian cada pocas horas o días. Además, otras personas están involucradas en lo que se denomina "reventa", que requiere que usted compre y venda acciones rápidamente y solo gane unos centavos por acción antes de cerrar su oferta y seguir adelante. Por supuesto, cuanto más tiempo estén disponibles sus acciones, menos gestión y trabajo se requieren para mantenerlas y venderlas. Cuanto más se está comprando y vendiendo, tanto más debe estar presente para hacerlo realidad.

La reventa y otros tipos de bolsas de valores más pequeños y más cortos pueden minimizar el riesgo, pero también requieren una cantidad significativa de tiempo y minimizan sus ganancias. Si desea tener el mayor éxito, necesita saber cómo evaluar el mercado, elegir sabiamente sus inversiones y tener paciencia mientras el mercado hace su trabajo. También debe saber cómo ser paciente cuando el mercado se estrella, lo que hace, y siempre lo hará.

El mercado de valores se ha estrellado muchas veces, lo que a menudo es la causa de las recesiones. Cuando el mercado se estrella, lo que siempre hace, necesitas estar preparado. Buffett habla mucho de estos accidentes y ofrece consejos de qué hacer si alguna vez experimenta uno. Sobre todo, lo mejor que puedes hacer es esperar. La mayoría de la gente se pondrá nerviosa y se liberará de la fianza durante un desplome del mercado de valores. Sin embargo, si desea tener éxito, comprará todas las acciones que se están vendiendo a bajo costo y esperará a que los valores de todo suban de nuevo. Cuando compre en el mercado de valores de esta manera, tiene casi la garantía de ganar una gran cantidad de dinero cuando termine la recesión, y los mercados volverán a subir, siempre y cuando esté dispuesto a esperar.

El mercado de valores es una oportunidad de inversión increíble que ofrece a las personas con una gran capacidad para convertir unos pocos dólares en unos pocos miles de dólares. Cuanto más tenga que invertir en él, más va a hacer de vuelta. Siempre que entienda cómo funciona el mercado de valores y esté preparado para cumplir con las reglas del mercado de valores, podrá ganar una gran cantidad de dinero a través del tiempo utilizando los mercados de valores. Este libro le enseñará todo lo que necesita saber sobre cómo invertir en acciones y ganar dinero como inversionista. Quién sabe, tal vez usted puede convertirse en el siguiente mejor.

Capítulo 2

¿Un vidente que anticipa el futuro?

Uno de los consejos más importantes que Warren Buffett siempre da a las personas que buscan estar al tanto de sus finanzas personales es ser un pensador avanzado. Esto significa que está pensando en el futuro y en cómo sus acciones actuales están brindando una imagen más amplia en lo que respecta a sus finanzas.

Este consejo puede parecer como algo "sencillo", pero se sorprendería de cómo muchas personas no consideran que cuando se está trabajando en la planificación y preparación de sus esfuerzos financieros. Cuando se trata de invertir, gastar y ahorrar, debe considerar cómo contribuye todo a su futura situación financiera.

Hay dos formas en que debe pensar sobre su futuro: de manera realista e ideológica. El lado realista de ti necesita planear y estar preparado. Si surgiera una emergencia, por ejemplo, cuánto dinero se requeriría ¿Para que pueda sostener esa emergencia sin experimentar dificultades financieras? ¿Qué cantidad de dinero necesitaría en ahorros para poder pagar esa emergencia sin temor a quebrar o enfrentar dificultades financieras? Esta perspectiva realista te ayudará a crear un plan realista. Debe tener un número sólido en el lugar que sea la cantidad que necesita en ahorros para ayudarlo en caso de que surja algo. Este número puede ser diferente de persona a persona, pero debe ser claro en qué consiste. Este es un número fundamental para saber cuando se trata de desarrollar su situación financiera de acuerdo con sus deseos y necesidades.

Cuando se trata del lado ideológico, debe pensar qué lo motivará a ahorrar ese tipo de dinero. Muchas personas se dan cuenta de la cantidad de dinero que h ay guardan para estar seguro financieramente sin importar qué, pero pocas personas realmente logran este nivel de seguridad financiera porque no se dan cuenta de lo importante que es para su bienestar. En otras palabras, no consideran cómo sería la vida con ese tipo de seguridad, por lo que no creen que sea *tan* importante.

Para motivarte a mejorar tu situación financiera, debes pensar de verdad qué tan diferente sería tu vida si se mejorara. ¿Qué podrías hacer entonces que no pudieras hacer ahora? ¿Cómo se sentiría saber que era financieramente estable sin importar qué tipo de emergencia o situación pueda surgir en su vida? Comprender realmente lo que su seguridad financiera significa para usted es importante cuando se trata de tener el enfoque y la determinación de tomar medidas motivadas para cambiar su situación financiera. Si desea poder tener éxito en el ahorro de dinero suficiente para cualquier futuro potencial, si es posible que lo tenga, debe estar dispuesto a concentrarse y motivarse para crear estabilidad financiera para usted y su familia.

Cuando tiene este tipo de enfoque en su futuro, es mucho más fácil construirlo un paso a la vez, en lugar de intentar saltar de una vez. Muchas personas que intentan involucrarse en inversiones saltan en varios pasos por delante de donde realmente están. Como resultado, no tienen experiencia ni conocimientos en lo que se necesita hacer para que tengan éxito, y por eso fracasan. Esto significa que muchas de las personas que se involucran en la inversión nunca se hacen realmente ricas porque no toman las medidas y los pasos necesarios para construir una base sólida de conocimiento y experiencia.

Es muy importante que, como Buffett, lo hagas paso a paso. Aprenda cada paso a fondo y luego continúe con el siguiente paso. Cuando se toma su tiempo para construir su cartera, puede estar casi seguro de que la está construyendo *bien*. Esto significa que cada aspecto de su cartera será sólido y que estará generando dinero a través de varias vías de inversión. La mejor manera de mantenerse en movimiento hacia adelante un paso a la vez es centrarse en lo que quiere de sus largas - Resultados a largo plazo. Cuando tiene una idea clara de hacia dónde se dirige y lo que quiere, es mucho más fácil mantenerse concentrado y paciente en el proceso de llegar allí. Aunque a veces es posible que desee apresurarse, es importante que se tome su tiempo y se concentre en aprender cada paso del proceso antes de pasar al siguiente. Cuando haya adquirido su conocimiento y experiencia de esta manera, será sólido y sólido, y podrá confiar en su capacidad para invertir y obtener un buen rendimiento, al mismo tiempo que minimiza su riesgo.

Buffett insiste en que si se apresura demasiado o si invierte sin experiencia, no tendrá éxito como inversionista. Si no puede tomarse su tiempo y ejercitar su paciencia, entonces no tendrá éxito como inversionista y no debe perder su tiempo.

Warren Buffett comparte una valiosa pieza de sabiduría con las siguientes palabras: "solo compre algo que le encantaría tener si el mercado cerrara durante 10 años".

No es ningún secreto que los mercados bursátiles son volátiles y pueden ir en cualquier dirección, rápidamente. Tan pronto como pueden inflarse y trabajar a favor de todos, también pueden caer en una recesión y hacer que todos corran hacia la puerta.

Buffett afirma que una de las mejores maneras de asegurarse de que no está invirtiendo en una inversión arriesgada o aventurada es invertir en algo que le encantaría mantener si el mercado bajara durante un período de tiempo. Las recesiones ocurren y, cuando lo hacen, puede llevar tiempo al mercado recuperarse. La duración promedio de una recesión es de 4 a 8 años, por lo que debe comprender que a veces puede mantener sus acciones mucho más tiempo de lo que anticipó si el mercado toma un giro inesperado para lo peor.

Una cita que Buffett una vez compartió es "nuestro período de espera favorito es para siempre". Muchas personas creyeron que esto significaba que compró acciones y las mantuvo, pero esto no es, de hecho, la verdad. Buffett es propietario de una empresa comercializadora de acciones llamada Berkshire Hathaway, y se sabe que negocian acciones regularmente. Lo que realmente significaba esta cita era que cuando se involucra en la compra y venta de acciones, o si no invierte en algo, quiere asegurarse de que está invirtiendo en compañías establecidas y duraderas que tienen una ventaja competitiva. Desea asegurarse de que está pensando en el futuro con sus inversiones, tanto como lo está con su planificación financiera. Debería poder mirar a una empresa y sentirse seguro de que seguirá creciendo y de que sus acciones en acciones continuarán aumentando en valor con el tiempo si va a invertir en ellas. Si usted no sabe, el riesgo debe ser considerado demasiado grande, y debe abstenerse de invertir en nada.

Cuando esté comprando acciones, asegúrese de prestar atención a *por* qué está comprando. Debe estar seguro de saber en qué está invirtiendo, de que la compañía está en la tendencia alcista y de que es una compañía competitiva y duradera que estará presente durante un largo período de tiempo. Desea tener razones sólidas por las que desea invertir en la empresa y la confianza de que el valor de mercado de sus acciones seguirá aumentando con el tiempo.

Sin embargo, tener esta confianza en la compañía y sus acciones no significa que nunca venderá sus acciones o que nunca cambiará su cartera. Más bien, simplemente significa que tiene confianza en el futuro y conocimiento en las empresas antes de invertir. Siempre debe seguir supervisando el rendimiento de las empresas y el comercio cuando parezca que sus razones iniciales para invertir ya no son válidas. El hecho de que una empresa fuera originalmente una inversión inteligente no significa que siempre seguirá siendo una inversión inteligente. Esto es parte de estar involucrado en el mercado de valores.

Cuando piensa en esto desde el punto de vista de Buffett y el consejo que le ha dado, simplemente significa que desea tener confianza en la longevidad de una empresa y en el valor que sus acciones pueden seguir brindando durante un largo período de tiempo. Si hubiera una recesión, por ejemplo, ¿es probable que sus acciones se recuperen después de que termine la recesión? ¿O disminuirían frente a la recesión? Si alguna vez siente que la empresa no sobrevivirá a la recesión, debe abstenerse de invertir dinero en la empresa.

Buffett se trata de invertir durante un largo período de tiempo. No invierte con la intención de "hacer dinero rápido". Más bien, invierte con la intención de ver cómo su dinero crece de manera saludable durante un período de tiempo más largo. Esta es, de hecho, una de las mejores maneras de convertirse en un inversionista multimillonario, en lugar de ser simplemente un inversionista. Inversores multimillonarios saben que el tiempo - tendencia a largo plazo del mercado de valores es siempre levantamiento y que si invierten en las compañías adecuadas, entonces sus propios valores de las acciones seguirán aumentando así. Es inevitable que el mercado continúe inflando con el tiempo, ya que la historia ha demostrado que, incluso después de las peores recesiones, el mercado siempre vuelve a su mejor nivel. Sin embargo, la única forma de regresar al mercado es invertir en compañías que sean duraderas, y que resistan la prueba del tiempo y salgan del final de la recesión con incluso más fuerza de la que entraron. Identificación e inversión en estas empresas son clave si quieres convertirte en un inversionista multimillonario. La supervisión de sus inversiones y el ajuste del curso según sea necesario es otra clave importante.

Capítulo 3

Los males ocultos: lo que ves, ¡NO es lo que obtienes!

Muchas personas se fijan en el precio cuando se involucran en el mercado de valores. Quieren entrar, por lo que buscan los mejores precios y no prestan atención a nada más. La realidad es que la participación exitosa de las inversiones y el mercado de valores significan que usted también es capaz de identificar el valor de las cosas. Una regla general importante es que el precio es lo que usted paga y el valor es lo que recibe de su pago.

Comprender la diferencia entre precio y valor es importante porque puede ser la diferencia entre invertir en una acción que no va a ninguna parte, o invertir en una acción que realmente le hará ganar algo de dinero. Cuando invierte en acciones sin comprender el valor de lo que realmente valen, entonces puede terminar invirtiendo en algo que no tiene ningún valor. El precio puede estar inflado, pero es poco probable que se mantenga así. Una vez que se revela el valor del producto o stock en sí, el valor de la compañía bajará y, por lo tanto, también lo hará el valor del stock. Sin embargo, si invierte en una empresa sabiendo que su valor es alto y probablemente aumentará, entonces puede estar seguro de que el valor de sus acciones también aumentará. Cuando este sea el caso, es casi seguro que puede garantizar que el precio de venta de sus acciones también aumentará con el tiempo.

Convertirse en un inversionista multimillonario significa que debe comprender la diferencia entre precio y valor. Una buena regla general es considerar el valor por separado del precio en sí. Si evaluara a la empresa o si leyera valoraciones profesionales, ¿qué aspecto tienen en comparación con el precio en el mercado? Si el precio es más bajo que la valoración, es probable que esté haciendo una buena inversión que le permita ganar mucho dinero con el tiempo. Sin embargo, si la valoración está a la par con el precio, o inferior al precio, entonces sabe que el precio simplemente refleja un mercado inflado y no significa que recuperará su dinero con el tiempo.

Cuando las personas ingresan al mercado de valores, a menudo no prestan atención al valor por completo. Miran los precios solamente. Ven un stock disponible a un precio bajo y asumen automáticamente que el valor aumentará, sin tomarse el tiempo para averiguar si realmente lo hará o no. Cuando las personas se quedan atrapadas en el precio y no miran nada más, casi se garantiza que fallarán completamente cuando se trata de inversiones. Es probable que se encuentren invirtiendo en cosas que no están aumentando el precio de manera adecuada, y por lo tanto, o no logran recuperar el dinero o pierden dinero.

Si desea convertirse en un inversor multimillonario, usted tiene que ser capaz de tomar decisiones adecuadas que conduzcan a que la fabricación del dinero. Invertir en el mercado de valores no es diferente de invertir en un negocio en sí mismo: si no confiara en el negocio para devolver su inversión de $100,000, ¿por qué confiaría en que el precio de las acciones subirá? Un negocio que tiene una fuerte valoración que se cree que aumenta con el tiempo es mucho más digno de inversión que uno que puede o no aumentar su valor con el tiempo. El hecho de que el mercado de valores se centre en gran medida en los valores de números y precios no significa que solo deba centrarse en el número.

Warren Buffett cree que si quiere hacerse rico, debe aprender a descifrar la diferencia entre precio y valor y tener ambos en cuenta. Si desea ganar la mayor cantidad de dinero, siempre debe invertir en una compañía que vende acciones a un precio bajo con una valoración más alta. Esto reduce su riesgo y casi garantiza su probabilidad de recuperar su dinero, más las ganancias.

"El dinero es para un negocio como el oxígeno para un individuo: nunca pensé en el cuándo está presente, pero es lo único en mente cuando está ausente". Esta es una famosa cita recitada por Warren Buffett, que enfatiza la importancia del dinero y por qué las personas tienen que prestar atención a su valor en dinero y ser pensadores adelantados.

Buffett cree que hay que prestar atención a la importancia del dinero incluso cuando no tenemos para que no nos encontremos en una posición en la que está ausente, y es todo lo que podemos pensar. Su compañía, Berkshire Hathaway, ha sobrevivido exitosamente a muchas recesiones y choques de mercado debido a una cosa primordial: Buffett está convencido de mantener un "fondo de emergencia" y mantiene uno para su compañía. Él entiende la importancia de este fondo y se niega a dejar que le pase algo.

En 2008, Norteamérica se enfrentó a una de las recesiones más duras de nuestro tiempo. Muchos informan que casi una década después *todavía* nos estamos recuperando. Muchas compañías se hundieron en ese momento, cayendo a las garras mortales de la recesión. Berkshire Hathaway, sin embargo, no era una de esas compañías. Mientras que muchos inversionistas estaban vendiendo rápidamente sus acciones por debajo del costo y perdiendo miles de dólares, la compañía de Buffett estaba ocupada comprando. La compañía pudo usar su fondo de emergencia para permanecer fuera del agua, al mismo tiempo que hizo muchos tratos lucrativos para comprar acciones excelentes que terminaron convirtiendo a la compañía en una cantidad fenomenal de dinero cuando el mercado comenzó a recuperarse.

Buffett está tan interesado en mantener este fondo que insiste en que su compañía mantiene un mínimo de $20 mil millones en el fondo de emergencia en todo momento. Al momento de escribir esto, tenía $ 85 mil millones en él. Si bien es probable que no necesite tanto en su propio fondo de emergencia, es importante que considere este fondo y su importancia. Este fondo debe estar compuesto por dinero en efectivo. No debe ser una "tarjeta de crédito de emergencia" o una "línea de crédito de emergencia". Si bien estas son valiosas, no son ideales. Lo que necesita es un fondo de dinero de emergencia que sea un activo para usted, no una deuda. Tener este fondo significa que si algo sale de su favor, todavía está cubierto. Esto significa que usted no está a un solo mal sueldo de la bancarrota, sino que puede manejar estos días de lluvia y salir del otro lado sano y salvo.

Como individuo, su propio dinero debe tener suficientes fondos para cubrirlo durante un tiempo difícil. Considere tener suficiente dinero guardado para cubrirlo por algunos meses si no tenía trabajo, suficiente dinero para pagar las deudas pendientes y suficiente dinero para hacer inversiones inteligentes, incluso si no tiene un flujo de dinero activo. Desea tener suficiente dinero para seguir viviendo su vida cómodamente y aún así realizar movimientos de poder con sus finanzas, incluso si su flujo de dinero disminuye o se detiene durante un período de tiempo.

Tener esta cantidad de dinero no solo significa que tiene ahorros para un día lluvioso, sino que también significa que experimentará mucho menos estrés en su vida en general. Si bien esto puede no parecer mucho, más allá de una lista clara de salud mental, en realidad hace mucho por su capacidad de hacer inversiones. Cuando estamos demasiado emocionales o estresados, que somos más propensos a cometer errores de juicio y tomar medidas con nuestras inversiones que podrían ser perjudiciales para nuestro éxito. Los inversores que se convierten en multimillonarios son aquellos que pueden manejar bien sus emociones y que no les permiten interrumpir sus inversiones. Cuando no están estresados por estar en lo profundo con solo un movimiento incorrecto, entonces es libre de tomar decisiones sin temor. No está preocupado por perder dinero porque sabe que está seguro de cualquier manera y, por lo tanto, puede confiar más en usted y en sus juicios. Es menos probable que se desconecte por un sabio movimiento por temor a perder todo. Además, es menos probable que invierta dinero en algo que pueda prometer que lo ayude a "enriquecerse rápidamente" y, en realidad, a perderlo todo.

Poder entender el valor del efectivo y tener un fondo de emergencia a la mano es vital. Hay una razón por la cual Buffett insiste en que su compañía tiene una, y es la misma razón por la que su compañía de miles de millones de dólares continúa prosperando, sin importar cuántas recesiones o bloqueos de mercado se experimenten. A diferencia de muchas otras compañías basadas en el mercado de valores, prospera en todas las condiciones, ya que ha construido su compañía para que sea resistente y duradera independientemente de las condiciones actuales del mercado. Debe hacer lo mismo no solo con sus inversiones y su negocio, sino también con su vida. Saber que está seguro y preparado sin importar lo que pase puede ayudarlo a tener la libertad de tomar las decisiones que necesita y desea tener éxito en su vida e inversiones en general.

Capítulo 4

Tus enemigos no están solos

Warren Buffett cree firmemente que la mejor inversión que puede hacer es en usted mismo y eso, al educarse y desarrollar su conocimiento sobre inversiones y cualquier otra cosa con la que desee involucrarse puede contribuir enormemente a su capacidad para tener éxito. De hecho, puede ser uno de los factores principales para su éxito.

Cuando se trata de involucrarse en el mercado de valores, si no sabe lo que está haciendo, maximiza su riesgo. Si tiene la más mínima idea de cómo funciona el mercado de valores, entonces sabe que desea *minimizar* su riesgo, no maximizarlo. Cuando sepa más sobre lo que está haciendo, las inversiones que está haciendo y cómo funcionan las inversiones, puede sentirse seguro de su capacidad para mitigar su riesgo y tener experiencias más exitosas con la inversión.

Una gran parte de desarrollar ese conocimiento es invertir en ti mismo. Cuando invierte en sí mismo, entonces invierte en su propio conocimiento y, por lo tanto, invierte en su capacidad de tener éxito. Esta inversión tiene varios elementos: invertirás financieramente en ti mismo para adquirir los materiales necesarios para educarte en inversiones, pero también invertirás tiempo y experiencia. Sin embargo, cuanto más inviertas en esta educación, más éxito tendrás.

Algunas personas que se involucran en acciones e inversiones prefieren contratar a alguien para ayudarlos. Los asesores financieros están en todas partes y están capacitados para ayudarlo a la hora de invertir su dinero. Si bien esto puede parecer favorable, no es ideal trabajar con un asesor o cualquier otra persona hasta que sepa de qué está hablando y qué está haciendo. El hecho de que una inversión en particular pueda ser ideal para otra persona no significa que sea ideal para usted. No desea confiar en algo tan valioso como su dinero a otra persona. Educarse a sí mismo y aprender acerca de lo que realmente está haciendo cuando se trata de inversiones significa que puede hacer llamadas de acción y tener autoridad con sus inversiones. Ya que tiene una mejor idea de lo que está haciendo, tiene la capacidad de invertir en cualquier cosa que desee y tener confianza en el resultado. No es una apuesta o un requisito de que pongas fe en otra persona, sino que es un requisito de que pongas fe en ti mismo.

Si quieres convertirte en un multimillonario, tienes que ser el encargado de tomar las decisiones y tomar medidas con tus propias inversiones. Esto evitará que otra persona cometa un error fatal que podría haber evitado si realmente se hubiera tomado el tiempo para educarse. También significa que puede hacer inversiones más fuertes y arriesgadas con mayor confianza porque sabe dónde, cuándo y cómo hacer su movimiento para que su estrategia sea sólida y su riesgo se mitigue, lo que le brinda una mayor oportunidad de ganar más. a través de sus inversiones.

Alguien que quiera simplemente crear riqueza invertirá en otra persona para que haga el trabajo por ellos, pero alguien que desee hacerse rico, aprenderá a hacerlo el mismo. Cuanto mejor equipado esté con el conocimiento, más probabilidades tendrá de tomar decisiones más inteligentes y aumentar su éxito en las inversiones. Buffett tiene un socio llamado Charlie Munger, quien una vez aconsejó a las personas que "se acuesten más inteligente que cuando se despertó". Esta es una información vital y es una gran verdad cuando se trata de invertir en acciones o hacer prácticamente cualquier otra cosa en su cuenta. Vida profesional o personal. Si no está invirtiendo tiempo en invertir en sí mismo y aumentando su conocimiento, entonces se está exponiendo a un gran riesgo y aumenta la probabilidad de que falle mucho en el mercado de valores, y de cualquier otro tipo de inversión o esfuerzo que intente emprender.

Warren Buffett es considerado como uno de los mejores seleccionadores de todos los tiempos. Parece que sabe exactamente cómo elegir en qué invertir y casi siempre obtiene beneficios masivos de sus sabias decisiones. Él es verdaderamente uno de los mejores inversionistas del mercado de valores que haya vivido. Sin embargo, aconseja que la mayoría de las personas deben evitar invertir en acciones individuales.

Buffett cree que la inversión más valiosa para las personas promedio es involucrarse en un fondo de índice S&P 500 básico y de bajo costo. Invertir en este tipo de fondo significa que, en última instancia, está apostando a las empresas estadounidenses en general, en lugar de invertir en empresas individuales. Dado que la valuación de las empresas estadounidenses ha demostrado su inflación a lo largo del tiempo, es casi seguro que puede garantizar que la valuación de su inversión también aumentará, y por lo tanto, obtendrá ganancias.

Esto puede sonar extraño, considerando que él es un inversionista que juega directamente en el juego de acciones individuales. Sin embargo, Buffett garantiza este consejo para cualquier persona que sea una persona promedio. Esto significa que cualquier persona que aún no esté educada en el mercado de valores, o que no tenga deseos de educarse en el mercado de valores. Ya que está leyendo este libro, es probable que ya esté involucrado en las acciones y que desee mejorar, o que sea completamente nuevo. De cualquier manera, podría considerar comenzar con los fondos del índice S&P 500 como una oportunidad para involucrarse en inversiones de inmediato, mientras aprende más sobre las acciones para que pueda comenzar a invertir con confianza en acciones individuales.

Buffett cree que para la mayoría de las personas, no están interesados en aprender la información correcta y, por lo tanto, es muy probable que pierdan grandes cantidades de dinero en el mercado. Esto significa que no tendrán éxito, y pueden pensar que el mercado es una farsa o solo es bueno para aquellos que tienen mucho dinero. Tampoco es cierto. Más bien, simplemente necesita ser educado y estar dispuesto a aprender cómo invertir adecuadamente si va a experimentar un gran éxito con ello.

Este consejo va de la mano con el uso del conocimiento para mitigar el riesgo. Para aquellos que están dispuestos a invertir en su conocimiento y tomarse el tiempo para aprender a hacerlo bien, invertir en los mercados de valores y acciones individuales es una de las mejores maneras de aumentar su riqueza y ganar grandes cantidades de dinero. Cuando se toma el tiempo para invertir en usted mismo y en su conocimiento, y está dispuesto a hacer lo necesario para hacerlo bien, tiene una gran oportunidad de ganar mucho dinero en el mercado. Sin embargo, cuando no lo hace, corre el riesgo de perder mucho.

Si se está preguntando exactamente qué tipo de inversión necesita para desarrollar su conocimiento y convertirse en un candidato elegible para negociar acciones, de acuerdo con Buffett, debe estar dispuesto a invertir al menos entre seis y ocho horas por semana. Esto significa que debe estar dispuesto a dedicar este tiempo para aprender sobre las acciones, cómo funcionan y lo que necesita saber antes de involucrarse. Una vez que ya esté involucrado, debería estar dispuesto a seguir invirtiendo este tiempo para poder continuar equipándose con más conocimientos. Cuanto más sepa, más podrá hacer inversiones que le permitirán ganar algo de dinero y reducir su riesgo de perder dinero. Recuerde, la educación es una de las mejores maneras de mitigar el riesgo y aumentar su éxito en el mercado.

Si no está dispuesto a invertir entre seis y ocho horas por semana, todas las semanas, incluso después de que ya esté involucrado, entonces es probable que deba evitar los mercados bursátiles individuales. El hecho de que sean prometedores y haya ayudado a otras personas a hacerse ricos no promete que usted tendrá los mismos resultados. Estar involucrado en el mercado de valores requiere una gran cantidad de conocimiento y comprensión de cómo funcionan, y usted debe estar dispuesto a continuar aprendiendo ya que el mercado en sí continúa evolucionando. Aquellos que se vuelven verdaderamente ricos a través de las inversiones están dispuestos a invertir este tiempo, y como resultado, obtienen un gran rendimiento.

Si tiene curiosidad por saber si las acciones individuales son para usted, hágase estas preguntas: "¿Estoy dispuesto a invertir de seis a ocho horas por semana para educarme en los mercados?", "¿Tengo suficiente conocimiento para ingresar a la ¿El mercado sin un mayor riesgo del necesario? "," Si entrara al mercado, ¿sé lo suficiente como para crear una estrategia que me ayude a navegar en el mercado ahora mismo? "," ¿Qué experiencia tengo con las inversiones? "

Si responde estas preguntas y descubre que aún no está en el lugar correcto para comenzar a invertir una gran cantidad de dinero en el mercado, puede considerar comenzar un lugar más bajo e invertir en su conocimiento antes de ingresar al mercado.

Si ya ha probado el mercado y no está viendo los resultados que desea, entonces puede ser el momento de dar marcha atrás y trabajar en la construcción de su conocimiento y comprensión primero, para que pueda regresar con mayor fuerza y éxito en el futuro. Si no está dispuesto a ser excelente, entonces debe atenerse a inversiones de menor riesgo como las otras personas promedio. Sin embargo, si no estás dispuesto a ser promedio, entonces debes estar dispuesto a invertir en ti mismo para llegar a ser grande. O mejor aún, excepcional.

Capítulo 5

Devolviendo

Warren Buffett es un importante filántropo que se dedica a dar más del 99% de su riqueza a organizaciones benéficas. Buffett es el co-fundador de una organización llamada "La promesa de dar", y también es un participante clave en la promesa. Esta organización fue creada para alentar a los multimillonarios ricos a dar su fortuna a la caridad como una oportunidad para ayudar a los menos afortunados a llevar vidas más grandes. En última instancia, Buffett planea regalar prácticamente toda su riqueza a la caridad. Desde que firmó el compromiso, ha regalado miles de millones de dólares en acciones de Berkshire Hathaway a varias organizaciones caritativas.

Buffett cree fuertemente en la importancia de dar vuelta y anima a otras personas ricas a hacer lo mismo. Una vez se le citó diciendo: "Si estás en el 1% más afortunado de la humanidad, le debes al resto de la humanidad pensar en el otro 99%". Aunque no seas parte del 1%, es importante que te centres en cómo puedes devolver.

Puede preguntarse cómo la devolución contribuye a su capacidad para crear riqueza y convertirse en un inversionista exitoso. La verdad es que puede no contribuir a nada de eso. Sin embargo, si tiene suerte y éxito en su capacidad para invertir y se vuelve rico como resultado, Buffett cree firmemente que es su deber devolverle de alguna manera. Si bien no puede ir tan lejos como para dedicar toda su riqueza a la caridad, es una buena idea encontrar una manera de retribuir a aquellos que no son tan afortunados como usted.

Es importante comprender que aquellos que poseen riqueza juegan un papel clave en nuestra sociedad. Muchas áreas de nuestra nación y del mundo perecen como resultado de la falta de los fondos necesarios para generar una sociedad más saludable y exitosa. Si tienes la suerte de generar cualquier tipo de riqueza para ti mismo, tienes el poder de hacer un cambio masivo en la sociedad al donar dinero a donde realmente se necesitan los fondos. Claro, usted podría comprar una casa adicional, un automóvil u otros artículos de lujo, pero también es importante entender qué significa el valor de ese dinero para otra persona. Para algunos, puede significar la diferencia entre comer o morir de hambre, recibir atención médica o enfermarse gravemente, tener un refugio o vivir como una persona sin hogar o tener acceso a las necesidades básicas. Si bien no tiene que privarse para ayudar a otros a llevar una vida saludable, es una buena idea devolver lo que pueda y ayudar a otros a disfrutar de su buena fortuna también.

No solo devolver ayuda a otros, también se siente bien. Cuando ve que el dinero que ha ganado se dirige hacia una buena causa y alguien más lo aprecia, se vuelve más fácil entender el valor de su dinero y por qué debe tomar decisiones sabias con él. El dinero tiene un gran valor en la sociedad y contribuye en gran medida al bienestar de prácticamente todos en la Tierra. Como individuos que viven en una sociedad privilegiada, puede ser fácil olvidar el verdadero valor del dinero. Cuando olvidamos el verdadero valor del dinero, puede ser difícil recordar por qué es tan importante tener y ganar dinero en primer lugar.

Devolver tiene muchos valores, y Warren Buffett cree firmemente en ello. Si realmente quieres ser como Warren Buffett, el inversionista más grande de todos los tiempos, tiene que estar dispuesto a desprenderse de algo de su fortuna s e invertir en organizaciones benéficas. Cuando lo hagas, entonces serás capaz de convertirte en uno de los mejores también.

Capítulo 6

Buffett con buffer

Este consejo explica tanto el consejo de Buffett de tener un fondo de emergencia como el consejo de Buffett de ser filantrópico con su fortuna. Buffett cree que solo debes preocuparte por tener suficiente dinero para la seguridad. Querrás tener suficiente, en última instancia, que usted sea el único que puede determinar su futuro. Si no tiene suficiente para hacer eso, entonces necesita ahorrar más. Si tienes demasiado, entonces debes donar el resto.

Buffett realmente cree que el dinero es una de las peores inversiones que puede hacer con el tiempo. Esto puede ver contradictorio si tenemos en cuenta el hecho de que la totalidad de su imperio gira en torno a dinero en sí, en la forma más pura teniendo en cuenta que es una parte de la industria de la inversión, pero él insiste en que uno nunca debe ser todo sobre el dinero. Y, si lo piensas, tiene toda la razón.

Muchas personas se absorben demasiado en las finanzas, y no logran ver la vida con la visión de "imagen más grande". Consideran la cantidad de dinero que están ganando y están tan atrapados que nunca experimentan la vida misma. Buffett cree que las dos mejores inversiones que puedes hacer están en ti mismo y en la humanidad. Si desea ser verdaderamente exitoso y excelente como él, debe invertir en estas dos áreas.

Cuando inviertes en ti mismo, inviertes en tu conocimiento. Cuando invierte en su conocimiento, invierte en su propio valor. No solo puedes hacerte feliz y cultivar la verdadera alegría en tu vida, sino que también puedes sentirte seguro de tu capacidad para hacer prácticamente todo lo que quieras. Si quieres tener una cierta experiencia o hacer algoEn particular, usted tiene el conocimiento sobre cómo hacerlo. Si desea tener una cierta cantidad de dinero o generar un nuevo flujo de ingresos, tiene los conocimientos necesarios para que eso suceda. Poder invertir en ti mismo es vital si vas a tener éxito en la vida. La vida no es todo sobre los mercados de valores, las inversiones y el efectivo. En cambio, se trata de las experiencias que el dinero en efectivo nos puede dar: viajes, tiempo con nuestra familia, la experiencia de devolver, comprar regalos para otros, invertir en otros, etc.

Cuando inviertes en la humanidad, estás invirtiendo en el panorama más amplio del mundo mismo. Estás invirtiendo en el futuro de otra gente. Usted está invirtiendo en personas que pueden convertirse en los próximos mejores inversores, en los próximos mejores empresarios y en el próximo político más importante. Le está dando a otros que son menos afortunados que usted la oportunidad de convertirse en lo mejor que pueden ser y, en última instancia, están elevando al mundo a un lugar más alto. Es una de las mejores inversiones que puede hacer. Como se mencionó en el capítulo anterior, cuando invierte en otros, comienza a ver el verdadero valor de su dinero. Una suma de dinero que podría haber sido solo otro auto para usted podría ser el costo de una educación para otra persona. Cuando invierte en otra persona, invierte en su capacidad, su futuro y el futuro del mundo en general. Usted invierte, en última instancia, en usted mismo de una manera muy indirecta.

Buffett cree que siempre debes tener suficiente dinero para sentirte cómodo. Nunca debe temerle a su futuro ni preocuparse por no poder afrontar emergencias o situaciones inesperadas que puedan surgir. Uno de los propósitos completos de generar ingresos es poder experimentar seguridad financiera. Si tiene un negocio, también debería poder establecer una seguridad financiera para su negocio de modo que, como Berkshire Hathaway, su negocio pueda resistir la prueba del tiempo y pueda seguir adelante sin importar cómo se vea el mercado en el momento. Estos dos tipos de inversiones son, en última instancia, inversiones en usted mismo, ya que está protegiendo sus medios de vida y asegurándose de que puede continuar trabajando en su mayor beneficio y mayor interés, independientemente del mercado o de cualquier otro factor de riesgo externo.

Como dice Buffett, usted está invirtiendo lo suficiente para asegurarse de que su futuro no esté determinado por alguien o algo más. Por lo tanto, si se le exigiera que haga una suma de dinero para cubrirse en caso de una emergencia, dicha emergencia no determinará que su futuro se vea como una quiebra o alguna otra forma de dificultades financieras. Si un socio de su empresa hiciera una mala jugada, fracasara una empresa en la que tenía acciones o si ocurriera alguna otra situación que afectara directamente sus finanzas, podría estar seguro de que este tipo de éxito no destruiría su futuro por completo. Su futuro nunca debe estar "en la línea". Siempre debe tener suficiente dinero aparte para poder controlar su futuro con confianza, independientemente de cualquier factor externo o influencia que pueda estar ocurriendo. Si no tiene esta cantidad, no tiene suficiente.

Entonces, si bien no quiere que todo sea sobre el dinero, no quiere ignorar el tema del dinero por completo. En su lugar, desea asegurarse de que está tratando el dinero con el debido respeto, sin colocarlo en un pedestal ni romantizar su verdadero valor. El dinero no es más que una herramienta que se utiliza para protegernos de las dificultades financieras, permitirnos las vidas que deseamos e invertir en nosotros y en nuestras comunidades. Tiene su propia importancia respectiva: no tiene sentido ni es lo más importante que nos pueda interesar. Simplemente es.

"La mejor inversión que puedes hacer es en tus propias habilidades. Cualquier cosa que pueda hacer para desarrollar sus propias habilidades o negocio es probable que sea más productiva". Warren Buffett cree firmemente en nuestra capacidad de invertir en nosotros mismos si vamos a tener éxito en todo lo que hagamos.

Invertir en ti mismo es la mejor manera de obtener el mayor rendimiento en prácticamente cualquier cosa que te propongas hacer en la vida. Él dice que si te tomas el tiempo para invertir en el bienestar de todo tú ser: mente, cuerpo y espíritu, entonces serás grande en todo lo que hagas. Sin esta inversión, usted no está en condiciones de invertir en finanzas. Como comentamos anteriormente, cuando se encuentre en mal estado de salud, especialmente con el estrés que puede resultar de las molestias mentales, físicas o espirituales, no va a pensar y operar de la mejor manera posible. Esto significa que puede tomar decisiones malas y potencialmente fatales que son perjudiciales para su bienestar financiero.

Para tu mente, debes leer libros regularmente. Incluso si solo estás leyendo una pequeña cantidad cada día, esto debería ser una parte de tus seis a ocho horas de aprendizaje sobre acciones cada semana. También debe ser parte de tu vida personal. Debes buscar leer libros que no solo te enseñen sobre inversiones y cómo cultivar la seguridad financiera, sino también sobre libros que nutren tu mente. Si bien es importante ser inteligente con respecto a sus finanzas y la lectura es una excelente manera de aprender, recuerde que Buffett insiste en que no hacemos del dinero el objetivo final de todo. En cambio, insiste en que nos enfoquemos en nosotros mismos y en nuestro propio bienestar, así como en el bienestar de la humanidad, y veamos nuestra situación financiera como una mera herramienta para aumentar esa sensación general de bienestar.

Cuando se trata de su cuerpo, debe concentrarse en hacer ejercicio y comer bien. Cuando cuidamos nuestro cuerpo físico, aumentamos su longevidad. Esto significa que podemos estar saludables y concentrados en lo que nos proponemos hacer, en lugar de ser insalubres, incómodos, estresados y, en última instancia, desenfocados. Debes invertir en ejercitar tu cuerpo a diario, incluso si es solo por 30 minutos por día. También debe prestar atención a los alimentos con los que nutre su cuerpo y concentrarse en comer alimentos principalmente saludables y nutritivos que contribuyan a su bienestar general. Cuando te sientes bien físicamente, entonces es más probable que te sientas bien en tu mente y espíritu, lo que significa que podrás enfocarte en tu propósito en la vida, así como en tus metas, con mayor claridad e intención.

El último elemento en el que quieres enfocarte es tu yo espiritual. Esto no significa necesariamente que debe adherirse a ninguna religión, sino que es amable con las personas y practica con regularidad la gratitud. Las actividades simples como esta nutren nuestro espíritu y nos ayudan a sentirnos completos y sanos cuando nos acercamos a nuestras actividades diarias. Nos recuerda salir de nuestras cabezas, salir de nuestro cuerpo y mirar el mundo como un todo, así como la forma en que contribuimos al bienestar del mundo y cómo contribuye a nuestro propio bienestar.

También es absolutamente crucial que nunca dejes de aprender. Una de las razones principales por las que Buffett tiene éxito es que, a pesar de que tiene más de ochenta años, todavía invierte en su conocimiento. Él regularmente está reservando tiempo para aprender sobre las cosas que lo impulsan, así como sobre las cosas que mejoran su bienestar financiero. Él dice que siempre debes estar aprendiendo, no importa qué tan bien crees que sabes el tema del que estás hablando. Siempre hay más que aprender, y nunca somos realmente un maestro en nada. Cuanto más practique y más invierta en el aprendizaje, mejor se volverá. Si recuerda un capítulo anterior, esto significa que puede invertir en su propio conocimiento y asumir riesgos con sus propias estimaciones educadas, en lugar de confiar en otra persona para que le brinde el conocimiento y las herramientas necesarias para crear el éxito en su vida. Buffett realmente cree que usted debe ser quien controle sus finanzas y su vida, nadie más. Cuando esté debidamente educado y tenga el control de todo, entonces nunca tendrá que temer por su futuro porque su futuro está en sus manos y solo en sus manos.

La mayoría de la gente cree que el aprendizaje gira en torno a la escuela misma. Si bien esta es una excelente fuente de aprendizaje, no es la única. Si no tiene los fondos necesarios para tomar un préstamo estudiantil masivo o invertir en un curso financiero costoso, considere aprender a través de otros métodos. Conferencias, seminarios y reuniones con personas que tienen conocimiento de la industria es una excelente manera de aprender a través de quienes ya saben de qué están hablando. Puede invertir en boletos para estas conferencias y tomarse el tiempo para absorber genuinamente todo lo que pueden enseñarle, y esto ayudará a mejorar su conocimiento y comprensión de la industria.

Otra cosa que puedes hacer es tomar un curso en línea gratis. Hay muchos cursos en línea que están orientados a ayudar a las personas a involucrarse en el sector financiero y aprender sobre inversiones. Si tiene algo de efectivo, puede considerar tomar un curso pagado. Hay muchos cursos disponibles que son asequibles y lo ayudarán a mejorar su conocimiento. Asegúrese de consultar quién está ofreciendo estos cursos y de que verifique sus calificaciones para enseñarlo y asegurarse de que está obteniendo un conocimiento sólido que realmente lo ayude a avanzar.

Otras ideas para mejorar su conocimiento incluyen cosas como hacer preguntas a las personas y escucharlas. Habrá muchas personas con infinito conocimiento más que usted, y tomarse el tiempo para aprovecharlas para obtener parte de ese conocimiento puede ayudarlo a mejorar su propio conocimiento también. También puede tomar el tiempo e invertir en la investigación a través de la lectura y la búsqueda en línea, así como los viajes. Viajar siempre es una forma increíble de mejorar tu conocimiento de muchas maneras. Estos tipos de oportunidades de aprendizaje continuo no necesariamente lo reemplazarán yendo a la escuela por completo, particularmente si está interesado en ingresar a un campo que requiere algún tipo de título financiero, pero son una excelente manera de comenzar y avanzar en su aprendizaje. Pueden ayudarlo a comenzar su carrera con una base sólida de lo que le interesa, y pueden ayudarlo a mejorar sus conocimientos incluso mucho después de que termine su escuela. Algunas personas creen que el mejor conocimiento que obtienes es la experiencia del mundo real fuera de las paredes del aula. Si bien las cosas que aprendes en la escuela son ciertamente valiosas y tienen una gran importancia, no es la única información disponible y nunca debes abreviarte al creer que "lo sabes todo" una vez que obtengas un título, o que no tiene oportunidad de saber nada si no tiene un título en la mano. La escuela es importante, pero no es la única oportunidad de aprender sobre inversiones y otras cosas similares.

Otra área en la que debes invertir en ti mismo es en tu círculo de amigos. Querrás rodearte de personas que se encuentren unos pasos por delante o que vayan en la misma dirección que tú. Estar rodeado de personas que saben lo que están haciendo y que pueden ayudarlo a avanzar también es una excelente manera de desafiarse y avanzar. Le ayuda a aprender más, al tiempo que le ayuda a verse a sí mismo como "uno de los 1%", lo que significa que realmente se *sentirá* seguro de su capacidad para generar éxito en todo lo que hace.

Finalmente, invierte en conocerte a ti mismo. Si bien es importante aprender cómo puede ejecutar su cuerpo, mente, y espíritu como una máquina bien engrasada, también es importante para llegar a conocerse a sí mismo. De esa manera, puede saber qué le gusta y qué no, dónde quiere invertir su tiempo y dónde no, y en última instancia, lo que lo hará feliz y exitoso en la vida. Conocerte a ti mismo significa que puedes mantener tus propios estándares de éxito y no los de otra persona. Esto significa que puedes tener verdadera y genuina felicidad y éxito en tu propia vida. En otras palabras, le impide perseguir el efectivo y lo guía en la dirección de establecer y alimentar su propósito. Algo que le apasiona mucho a Buffett.

Capítulo 7

Ventaja competitiva

Cuando busque invertir en algo, especialmente en acciones, siempre enfóquese en la competencia. Si tuviera que construir su propio negocio, vería a la competencia para ver dónde se encuentran sus ventajas y debilidades. Siempre debe hacer lo mismo con las inversiones financieras. Si bien el negocio no es el tuyo, debes verlo como si lo fuera. Si no estaría dispuesto a ser dueño del negocio y se siente confiado en su posición en la industria, entonces debería estar dispuesto a invertir su dinero en él.

Cuando se enfoca en la competencia y en otras partes del negocio a las que normalmente solo el propietario de un negocio prestaría atención, entonces puede enfocarse en las ventajas y desventajas del negocio. Esto significa que puede introducir sus acciones ricos con el conocimiento y la comprensión de por qué el negocio es valioso, y su inversión debe operar en su favor. Si bien esto puede parecer de sentido común para algunas personas, muchos inversionistas aficionados permanecen absortos en los números y no ven el aspecto comercial de las cosas. Esto se traduce en malas inversiones que les cuestan mucho dinero a largo plazo. Aumenta su riesgo y conduce a inversiones potencialmente peligrosas que podrían agotar sus fondos, rápidamente.

Algo en lo que muchos inversionistas se olvidan de enfocarse es en los factores que realmente influyen en la tasa de rendimiento de sus inversiones. Por supuesto, las tendencias al alza en el mercado y los precios inflados de las acciones que parecen estar subiendo son prometedores. Sin embargo, solo porque el mercado general esté en la tendencia alcista no significa que las acciones individuales lo estén. Incluso cuando el mercado está en su punto más alto, todavía habrá empresas que se están desvaneciendo. Esa es la naturaleza de los negocios, y las inversiones.

Cuando se involucra en acciones, en particular, necesita ver más allá de las acciones y en el negocio real. Esto es similar al capítulo anterior en el que hablamos sobre la importancia de comprender el precio en comparación con el valor. Cuando está considerando invertir en una acción, debe mirar directamente al negocio. Considere qué ventajas competitivas tiene. ¿Por qué crees que va a aumentar su valor con el tiempo? ¿Qué estás usando para basar tus juicios?

Es imperativo que vea las acciones por más que solo una acción: las acciones son acciones en una empresa, y si no le presta atención, es posible que esté invirtiendo en empresas defectuosas. Además, tienes que mirar más allá del nombre de la empresa. Muchas personas compran acciones creyendo que van a recuperar su dinero simplemente porque compraron acciones en una empresa popular o masiva. Esto no es exacto y es un método de juicio muy malo cuando se trata de invertir su dinero en el mercado de valores. Muchas grandes y bien conocidas empresas están fallando de forma regular, por lo que nunca invierta sin saber en lo que está invirtiendo su dinero...

Cuando esté evaluando una empresa, tenga en cuenta lo siguiente: los márgenes de ganancia de sus productos, su posición en el mercado en comparación con su competencia, sus ventajas, sus debilidades y sus planes a futuro. Mire su historia y las tendencias que muestra, ya que esto le dará información sobre cómo puede esperar que la empresa funcione en el futuro. También le da una idea de qué tan confiables son sus acciones, y si parecen escalar continuamente a lo largo del tiempo, o si están alcanzando una meseta o, lo que es peor, están tomando una espiral individual hacia abajo.

Comprender que las empresas y el mercado de valores son dos cosas diferentes le ayudará a diferenciar entre inversiones deficientes y buenas inversiones. Los inversionistas que no logran diferenciar estos dos y ver empresas en una base individual seguramente van a invertir en varias compañías que no ofrecen una buena tasa de rendimiento. O bien harán una devolución mínima de su inversión o no harán ninguna devolución. Peor aún, podrían perder. Si desea convertirse en un multimillonario invertir o, una tasa de retorno decente no es lo que busca. En su lugar, desea buscar una excelente tasa de rendimiento.

Si no está seguro de cómo medir, comience a observar bien el mercado antes de estar listo para invertir realmente en él. Realice algunas "carreras de práctica" seleccionando qué acciones compraría teóricamente si estuviera listo para comprar de inmediato, y luego tómese el tiempo para investigar las empresas. Preste atención a su posición en el mercado y cómo se están desempeñando. Intente hacer su adivinación mejor educada sobre cómo se desempeñarán, y luego identifique cuándo saltaría al mercado si realmente lo hiciera. Luego, observe cómo se comportan sus acciones durante el próximo tiempo y vea si sus suposiciones fueron correctas. Practicar de esta manera antes de que realmente invierta dinero en los mercados bursátiles puede ayudarlo a aprender cómo tomar estas decisiones informadas y dónde puede necesitar invertir más concentración cuando esté listo para invertir su dinero. Puede parecer una estrategia aburrida y prolongada, pero sin duda le brindará una gran oportunidad para ejercitar sus habilidades de inversión antes de comenzar. Esto significa que cuando llegue el momento, puede sentirse extremadamente confiado en sus decisiones y estará más probabilidades de hacer grandes movimientos que le permitirán obtener ganancias masivas.

Entrar en el mercado de valores es mucho más que aprender a "comprar barato y vender caro" y controlar las tendencias del mercado en sí. La mayoría de los libros y guías le dicen que tiene que aprender cómo medir el mercado de valores en sí y usar estos desencadenantes como una oportunidad para saber cuándo entrar y cuándo salir. Desafortunadamente, estos no le brindan toda la información que realmente necesita. Si bien esto le brinda una gran cantidad de información sobre el propio mercado de valores, y parte de la compañía, no le brinda la suficiente información para tomar una decisión verdaderamente educada. Debe ser capaz de juzgar con precisión si va a poder recuperar su dinero o no si decide invertir en una empresa y sus acciones. Esto viene de ir más allá del mercado y las líneas en las aplicaciones del mercado de valores, y en realidad analizar el negocio en sí y la rentabilidad que conlleva.

Hacer este tipo de trabajo encubierto y "sucio" cuando se involucra en inversiones mitigará su riesgo, pero también le enseñará a diferenciar tanto las acciones como el negocio, y el precio y el valor. Estas son dos lecciones muy fundamentales que uno debe aprender antes de participar en el mercado de valores. Si quieres tener un gran éxito, debes saber cómo diferenciar estos factores. Si no puede, terminará haciendo muchos movimientos deficientes que podrían costarle a largo plazo. No saber lo que estás haciendo, o ignorar los hechos, es una de las mejores maneras de perder mucho dinero rápidamente.

Warren Buffett advierte que no debe involucrarse nunca en acciones individuales, a menos que esté realmente consciente de lo que está haciendo y tenga el tiempo y la energía para dedicarse a aprender realmente cómo funcionan. Esta es una lección importante que debe aprender antes de ingresar al mercado, y proviene de estar dispuesto a entender más que solo lo básico. Como hemos repetido muchas veces y no podemos enfatizar lo suficiente: los aficionados que obtienen buenos resultados saltan al mercado con un conocimiento mínimo y se centran estrictamente en los precios y las tendencias de las acciones. Los inversionistas multimillonarios están dispuestos a mirar más allá del mercado de valores y los precios e investigar el negocio en sí mismo y el valor que tiene antes de invertir un solo centavo en cualquier negocio. Si quieres convertirte en un multimillonario, tienes que aprender a comenzar a invertir como un multimillonario.

Puede parecer fácil "ganar experiencia mientras vas ", pero esto es realmente fatal y puede ponerte en una situación muy difícil. Tomarse el tiempo para practicar, educarse sobre cómo funciona el mercado de valores, aprender sobre negocios, calcular precios, investigar valores reales y comprender la diferencia entre todo lo anterior es obligatorio si va a aprender cómo puede realmente convertirse en un multimillonario utilizando inversiones. Si piensas como un multimillonario desde el principio, es más probable que te conviertas en uno al final. Aquellos que no piensan en el futuro y que no investigan a la compañía, y se enfocan en la competencia, son inversionistas que seguramente fracasarán o nunca superarán la mediocridad. Si quieres estar por encima del promedio, entonces tienes que actuar por encima del promedio. Simple como eso.

Capítulo 8

¿Sabes quién eres realmente?

Gran parte de lo que Warren Buffett educa contra es comprar cosas que no entiendes. La mayor parte de sus consejos gira en torno a educarse, invertir en uno mismo y mantenerse alejado de cualquier tipo de inversión que no comprenda realmente. Hay una gran razón detrás de esto, y vale la pena investigarlo. Es decir, cuando no entiende, es un gran riesgo para usted y sus finanzas.

Hay varios niveles de "comprensión" antes de que usted deba involucrarse en acciones individuales. Incluyen: comprender las existencias, comprender negocios, comprender inversiones, comprender los negocios individuales que está comprando y comprender sus objetivos de inversión individuales.

Cuando se trata de comprender las acciones, debe ser muy claro sobre cómo funcionan. Debes entender las teorías de compra con baja venta, así como también cómo funciona la acción. Desea conocer los programas que está utilizando para invertir, los desencadenantes que deberían alentarlo a comprar y los que deberían alentarlo a vender, el proceso real de compra y negociación de acciones y otra información técnica sobre el mismo mercado de valores. También debe comprender el mercado de valores como un todo: qué representa, cómo funciona, cuándo está en funcionamiento, quién lo cotiza y otros factores importantes. Comprender íntimamente el mercado de valores garantizará que usted sea capaz de invertir con total confianza porque realmente entiende cómo funciona el sistema y cómo las personas ganan dinero con él.

Muchas personas creen que una idea general de qué es el mercado de valores y cómo funciona es suficiente para involucrarse. O bien se involucran solos con poca o ninguna información genuina al respecto, o simplemente contratan a un asesor financiero para que empiecen. Ambos son errores si busca obtener una buena cantidad de dinero del mercado de valores y generar riqueza. Si bien trabajar con un asesor o alguien que conozca la información técnica y esté dispuesto a manejarlo es bueno para usted, debe tener una gran cantidad de conocimiento sobre esta información. De esa manera, puede asegurarse de que su asesor o administrador de cuentas esté trabajando en su mejor interés y que está obteniendo el máximo beneficio de sus inversiones. Si no tiene ningún conocimiento básico en esta área, no habrá manera de saber si está haciendo los movimientos correctos, o si su asesor financiero o gerente de cuentas está haciendo los movimientos correctos para usted. Es imperativo que dedique tiempo a invertir en su comprensión del mercado tanto técnica como en general para que pueda trabajar por su mejor interés en todo momento, a fin de garantizar que cualquier otra persona involucrada en sus finanzas esté haciendo lo mismo.

Antes de comenzar a invertir, también debe tener una sólida comprensión del negocio en sí. La inversión, incluso en el mercado de valores, se basa principalmente en los negocios. Si no entiende las empresas y cómo funcionan, tendrá dificultades para tener alguna idea de lo que está sucediendo cuando se trata de invertir. Debe ser capaz de evaluar si una empresa va a tener éxito o no, y eso solo se logrará si tiene una idea general de cómo funciona la empresa en sí funciona. Si bien no es necesario que usted mismo sea propietario de un negocio o necesariamente tenga algún tipo de educación oficial en el negocio, debe poder entender cómo funciona un negocio. Debe comprender las características de un plan de negocios, cómo se posicionan las empresas en los mercados y qué se necesita para generar un negocio exitoso. Si tiene experiencia práctica con el desarrollo real de un negocio o no es irrelevante, siempre y cuando entienda qué es lo que hace que un negocio funcione, y por qué uno tendría éxito o no.

Además de comprender las empresas, también debe tener una comprensión general de las empresas individuales. Nunca debes invertir en un negocio que no entiendas. El hecho de que entienda el negocio en general, por ejemplo, no significa necesariamente que entienda el comercio minorista, el transporte o el comercio con la suficiente claridad como para comenzar realmente a invertir en él. Si desea comenzar a negociar acciones individuales, necesita comenzar a entender negocios individuales.

Una buena manera de comenzar a entender negocios individuales es comenzar a investigar un nicho específico. Por ejemplo, si está particularmente interesado en la venta minorista, entonces debe comenzar a buscar en el nicho minorista. Tómese el tiempo para investigar qué es lo que hace que un negocio minorista sea exitoso y cómo podría evaluar si uno aumentaría o disminuiría su valor con el tiempo. Comprenda cómo se posicionan las compañías minoristas en el mercado, qué las hace competitivas y cómo se aprovechan para crear un negocio exitoso. Cuando tenga una comprensión íntima de los negocios minoristas en general, puede comenzar a buscar negocios individuales y diferenciarlos. Dado que ahora tiene una mejor comprensión de cómo funcionan las empresas y las empresas minoristas, en particular, puede comenzar a determinar si las empresas individuales tendrán éxito o no. Si lo haría, y se tiene la certeza en su juicio, entonces es probable que pueda comenzar a invertir en acciones que ver con esos negocios. Sin embargo, si no está lo suficientemente claro o aún no confía en su conocimiento acerca de lo que hace que un negocio funcione de manera eficiente, debe abstenerse de realizar inversiones en negocios hasta que tenga una idea clara de esta información.

Una vez que haya logrado dominar la inversión en ciertas empresas, puede expandirse y comenzar a invertir también en otros modelos de negocios. Siempre asegúrese de comenzar investigando la industria e investigue qué hace que las empresas en esa industria sean funcionales y exitosas. Antes de invertir dinero, asegúrese de tener el conocimiento suficiente para comprender realmente cómo funcionan esas empresas y qué hará que una tenga éxito. Cuando se siente confiado en su capacidad para medir el éxito de un negocio desde el principio, entonces puede comenzar a invertir en esa industria. Tómese su tiempo, edúquese y nunca invierta en nada que no entienda.

Además de comprender las propias empresas, es necesario también tener una buena comprensión de los instrumentos financieros. Hay muchos tipos diferentes de inversiones que puede hacer, por lo que desea asegurarse de que está eligiendo las correctas. Por ejemplo, las acciones son una de las oportunidades de inversión más conocidas, pero muchas personas en realidad no deberían involucrarse en las acciones si no comprenden completamente lo que están haciendo y / o no están dispuestas a aprender. Sin embargo, existen otras oportunidades de inversión, como fondos indexados, fondos mutuos y otras inversiones similares que pueden realizarse como una oportunidad para ayudarlo a aumentar su riqueza. Lo principal que debe considerar es que nunca debe invertir cuando no comprende la inversión que está haciendo. Por ejemplo, si está interesado en hacer una inversión y desea invertir en el S&P 500 porque Warren Buffett dijo que este era un buen lugar para comenzar, no quiere saltar ciegamente al S&P 500. Solo porque un inversionista adinerado dijo que esta era una buena idea no significa que deba hacerlo. Debe asegurarse de que comprende perfectamente qué es el S&P 500 y cómo funciona antes de invertir dinero en él. Si bien Buffett nunca lo guiaría en la dirección equivocada, es un buen protocolo para practicar la investigación, la investigación y la comprensión exhaustiva de cada inversión antes de que inviertas tu dinero en ella.

Muchas personas se involucran en inversiones, contratan a un asesor financiero y luego confían en todo lo que dice el asesor. Como hemos discutido anteriormente, nunca es prudente dejar sus decisiones financieras en manos de otra persona. El hecho de que alguien educado diga que es la mejor idea no significa necesariamente que sea la correcta para usted. Tampoco significa que *no sea* la idea correcta. Sin embargo, debe preguntarles cuáles son sus recomendaciones y luego investigar estas recomendaciones antes de involucrarse. O bien, si está siguiendo los consejos de un libro como este y no está trabajando con un asesor financiero, aún debe investigar todas las inversiones antes de involucrarse. Muchas personas se involucrarán sin tener una idea clara de en qué están invirtiendo, y como Como resultado, corren un alto riesgo de pérdidas extremas, ya que es posible que no aprovechen la oportunidad de la manera correcta para ganarles riquezas. En su lugar, es posible que no tengan un entendimiento lo suficientemente claro como para aprovechar la oportunidad de manera efectiva, y puede causar una gran destrucción financiera si no tienen cuidado.

La pieza final que necesita comprender a fondo son sus propios objetivos de inversión. Esta es una de las razones principales por las que confiar ciegamente en otra persona para administrar sus finanzas no es una buena idea. Todos tienen diferentes objetivos con sus finanzas, y es imperativo que tenga claro cuáles son sus objetivos antes de comenzar a invertir. Por ejemplo, si está invirtiendo para su futuro, probablemente querrá seguir invirtiendo en fondos más seguros y conservadores por al menos el 80% del capital que tiene para invertir. Esto asegurará que no termines completamente roto a largo plazo. Si está buscando invertir solo para aumentar su capital y es dinero desechable que no tiene necesariamente otro propósito que no sea el de "crecer", entonces puede estar dispuesto a correr riesgos con sus inversiones. Dependiendo de sus metas en general y de sus metas con sumas individuales de dinero, puede determinar qué va a hacer con sus finanzas. Esto le ayudará a decidir qué inversiones son una opción acertada para usted y cuáles no.

Es imperativo que usted entienda en qué está invirtiendo en todo momento. Debe ser lo más claro posible sobre cada elemento de su inversión antes de invertir dinero. Cuanto más informado tenga sobre sus inversiones, mayor será el éxito que tendrá con sus inversiones. Reducirá su riesgo en todos los ámbitos y aumentará sus posibilidades de tener un gran éxito en sus inversiones financieras. Warren Buffett es extremadamente firme en que las personas no invierten en lo que no saben, y la práctica de comprender todo lo que rodea a sus inversiones financieras puede ser la diferencia entre generar riqueza o perder todo.

Warren Buffett cree firmemente que cuando usted está en el negocio, necesita confiar en sí mismo. Siempre y cuando estés haciendo el esfuerzo de educarte y adquirir un gran conocimiento de lo que estás haciendo, debes tener la capacidad de creer plenamente en ti mismo y en tus decisiones.

Muchas personas buscan constantemente las respuestas de otros y esto puede dar lugar a errores fatales dentro de sus negocios y sistemas de gestión financiera. Las personas que inculcan toda su fe en los demás carecen del elemento más importante necesario para tener éxito con sus inversiones: la fe en sí mismas.

Cuando confía en los demás, deja de lado elementos importantes, como lo que *le da* confianza en inversiones particulares, lo que *le* hace pensar que tendrá éxito y lo que lo hace para que *pueda* obtener lo que está buscando de la inversión. Cuando pones todo sobre los demás, solo pueden hacer lo mejor que pueden con el conocimiento que tienen. Carecen de información importante que usted sabría sobre usted y su propio propósito para invertir, por lo que no podrían medir eso en sus decisiones.

Muchos inversores temen cometer un error de juicio y no quieren ser responsables en caso de incurrir en una pérdida importante. Este es un miedo natural, pero no debe impedirte ser el único que decide y confiar en ti mismo. Según Buffett, "debes divorciarte de los temores y la codicia de las personas que te rodean, aunque es casi imposible". Reconoce que es increíblemente difícil evadir los temores de los demás, pero es necesario si vas a tener éxito. .

Además de que otras personas no puedan tener en cuenta información importante sobre usted, también tendrán en cuenta sus propios pensamientos y sentimientos. Pueden pensar que algo es una mala inversión, por ejemplo, porque no lo han investigado tanto como usted o no tienen la misma experiencia que usted. Si cede a su miedo y se abstiene de invertir en un negocio, por esta razón, termina perdiendo porque deja que otra persona tome la decisión final cuando debería haber sido quien lo hizo.

La única persona que realmente conoces es a ti mismo. Usted sabe si ha invertido suficiente tiempo, energía y enfoque en investigar algo o no. Sabes si crees que algo es una buena inversión o no. Usted sabe si ha gastado todos sus recursos y tiene total confianza en una empresa y su capacidad para tener éxito o no. Cuando le pides a los demás sus opiniones o dejas que sus opiniones empañen tu juicio, no puedes estar seguro de que hayan gastado la misma cantidad de recursos en investigar la situación que tú. No puede estar seguro de que tengan la misma experiencia que usted, o que tengan el mismo conocimiento en el negocio que usted. Es importante comprender que la única persona que puede garantizar es usted mismo. No importa cuánto confíes en alguien más, nunca estarán exactamente en la misma posición en la que usted está mental y emocionalmente sobre una inversión.

Otra cosa en la que Buffett insiste es que nunca debes dejar que las emociones nublen tus decisiones. Si dejas que las emociones se filtren, tomas decisiones irracionales que pueden hacer que pierdas un montón de dinero. Las dos emociones más comunes que surgen cuando las personas se enfrentan a las finanzas son el miedo y la incertidumbre. Tienen miedo de perder una cantidad increíble de dinero o de no poder crear el nivel de ingresos que desean. Temen tener que asumir la responsabilidad si cometen un error o si algo sale mal. No quieren ser responsables de una pérdida potencialmente importante que podría tener lugar, por lo que no quieren estar en control. Aquí es donde reside la incertidumbre.

El miedo mismo va más allá de eso con las inversiones. Las personas pueden temer que van a perder cantidades exponenciales de dinero, por lo que venden sus acciones en un mal momento. Pueden temer que no van a ganar el capital que otros que poseen ciertas acciones van a ganar, por lo que compran en un mal momento. El temor de no tener el resultado deseado con sus finanzas puede llevar a muchas decisiones irracionales que pueden impactar negativamente la cantidad de riqueza que genera a través de las inversiones.

Algo que Buffett insiste es que si un negocio es sólido y está bien construido, las acciones seguirán. Esto significa que, con el tiempo, si ha elegido invertir en un negocio sólido con un plan sólido, debe tener la capacidad de mantener la confianza total de que las acciones aumentarán con el tiempo. No debe temer que esté tomando una mala decisión, siempre y cuando haya invertido el tiempo adecuado para investigar su decisión. Cuando tome decisiones de inversión, piense que son puramente negocios. Haz tu mejor esfuerzo para eliminar los elementos emocionales de tu decisión y enfócate en hacerlo con lógica y racionalidad puras. Cuando elimina el apego emocional a sus decisiones, le facilita ver los hechos y utilizarlos para determinar cuál será su decisión.

Si estás luchando para confiar en ti mismo, hay algunas cosas que debes considerar. La primera razón por la que muchas personas luchan para confiar en sí mismas es que no tienen experiencia. Si este es el caso, considere comenzar poco a poco y practicar con cantidades más pequeñas hasta que tenga más práctica. Una vez que ponga su conocimiento en acción y comience a ver los resultados de sus esfuerzos, se sentirá mucho más seguro para tomar decisiones en el futuro. Las primeras veces que la gente invierte dinero puede ser particularmente atemorizante, especialmente si está invirtiendo en algo que conlleva mayores riesgos, como las acciones. Practique un par de veces hasta que esté acostumbrado, y luego podrá comenzar a invertir a mayor escala.

Otra razón por la que las personas pueden no confiar en sí mismas es que no sienten que hayan investigado lo suficiente en el negocio y, por lo tanto, aún sienten mucha incertidumbre acerca de la inversión. Este sentimiento que están experimentando está directamente relacionado con el riesgo que conlleva la inversión. Si siente que no confía en sí mismo porque no sabe lo suficiente, entonces no es el momento de hacer una inversión. Debe asegurarse de educarse más antes de hacer una inversión. Cuando está invirtiendo, debe tener tanto conocimiento sobre el negocio que casi puede garantizar que funcionará a su favor. Si bien siempre habrá un elemento de riesgo, debe estar tan seguro como sea posible de que el riesgo no será soportado. Si no puedes garantizarte esto casi por completo, entonces debes realizar más investigaciones.

La razón final por la que muchas personas se vuelven inciertas es que escuchan con mucha atención las preocupaciones de los demás. Si ha investigado y puede expresar una confianza casi completa en su decisión, entonces no necesita preocuparse por lo que piensan los demás. Recuerde, no puede estar seguro de que tengan el mismo conocimiento, experiencia o comprensión que usted tiene. Cuando se trata de su dinero, usted es quien debe hacer la última palabra. Si puede garantizar casi por completo la inversión, no debe poner demasiado énfasis o preocupación en lo que piensan otras personas.

Poder confiar completamente en ti mismo cuando estás en el negocio de invertir es importante. Hay muchas personas que no confían en sí mismas y, por lo tanto, cometen muchos errores que hacen que no generen el tipo de riqueza que desean. Los inversores a nivel de multimillonarios tienen gente alrededor y reflexionan sobre las opiniones de los demás, pero ante todo confían en sí mismos. Si sienten que una inversión es demasiado arriesgada o es la decisión correcta que deben tomar, toman la decisión final. No dejan pasar nada que no esté completamente seguro sin las opiniones de los demás. Las opiniones de otros son más un factor de guía, permitiéndoles descifrar si son realmente claros o no en sus decisiones. Por ejemplo, si alguien está expresando incertidumbre y puede decir casi con total certeza que la inversión es buena, entonces debe considerar que la opinión del otro individuo es un factor guía que demuestra que tiene la suficiente confianza en su decisión. . Tener total confianza en ti mismo es absolutamente imprescindible cuando tomas decisiones con respecto a tus inversiones financieras.

Puede ser un Gurú usted mismo

Gracias por leer "*Warren Buffett: ¿El mayor inversionista del mundo o simplemente un tipo extremadamente afortunado?*" Este libro sobre inversiones fue diseñado para ayudarlo a aprender cómo convertirse en un gran inversor, al tiempo que rinde homenaje al mejor inversor del mundo. El consejo de este libro se seleccionó a partir de algunos de los mejores consejos ofrecidos por Warren Buffett sobre el tema de las inversiones.

Espero que este libro le haya enseñado mucho sobre Warren Buffett, el conocido inversionista, magnate de negocios y filántropo. A través del consejo dado por este increíble inversionista, debería poder generar un gran éxito con sus propias inversiones financieras. Ahora no solo sabrá acerca de sus mejores consejos, sino que también debería poder tener total confianza en sus inversiones, así como saber cómo puede ganar confianza total. Al leer este libro, espero que haya podido aprender sobre el proceso de investigación real de las empresas y las oportunidades para asegurarse de que siempre haga las mejores inversiones posibles.

Espero que también hayas podido aprender más sobre la importancia de invertir en ti mismo y de poder generar una confianza total en ti mismo y en tus decisiones. Ser capaz de tener total confianza en sí mismo y su propio conocimiento garantizará que siempre tome las mejores decisiones con sus finanzas y que reduzca su riesgo y maximice su potencial para tener éxito con sus inversiones. Si no está dispuesto a invertir en usted mismo y en su propio conocimiento, entonces nunca podrá experimentar un gran éxito con sus inversiones.

El siguiente paso es involucrarse en la inversión. Si nunca ha invertido antes, es una buena idea comenzar a explorar inversiones más fáciles como las de S&P 500 hasta que tenga más experiencia y conocimiento en el sector de inversiones. Una vez que haya establecido una buena cantidad de conocimiento y pueda sentirse confiado en sus decisiones, es posible que desee expandirse y comenzar a invertir en otras áreas. Mientras pueda expresar una confianza total en sus decisiones y sea muy claro y comprensivo con respecto a lo que está haciendo, debe poder minimizar su riesgo lo suficiente como para experimentar un gran éxito en sus inversiones. Las inversiones más riesgosas, como el mercado de valores, no son un lugar para el miedo. Si aún siente temor por sus inversiones y no sabe cómo crear una certeza total en sus decisiones, entonces es importante que continúes educándote hasta que puedas expresar total certeza y confianza. Una vez que pueda, estará listo para comenzar a realizar inversiones de mayor riesgo a su propia discreción. Recuerda, nunca inviertas en lo que no entiendes.

¡Gracias, y mucha suerte!

Deja un Comentario

Gracias por leer, espero que puedas dejar algunas palabras amables.

Su opinión nos motivará a hacerlo mejor.

Feliz trading, hasta que nuestros caminos se crucen de nuevo.

Prof. Tyler Yamazaki

Traducido por,

Shlangel García

Blue Labyrinth Pte Ltd, *2021*

www.ingramcontent.com/pod-product-compliance
Lightning Source LLC
Chambersburg PA
CBHW052123150726
48002CB00006B/2466